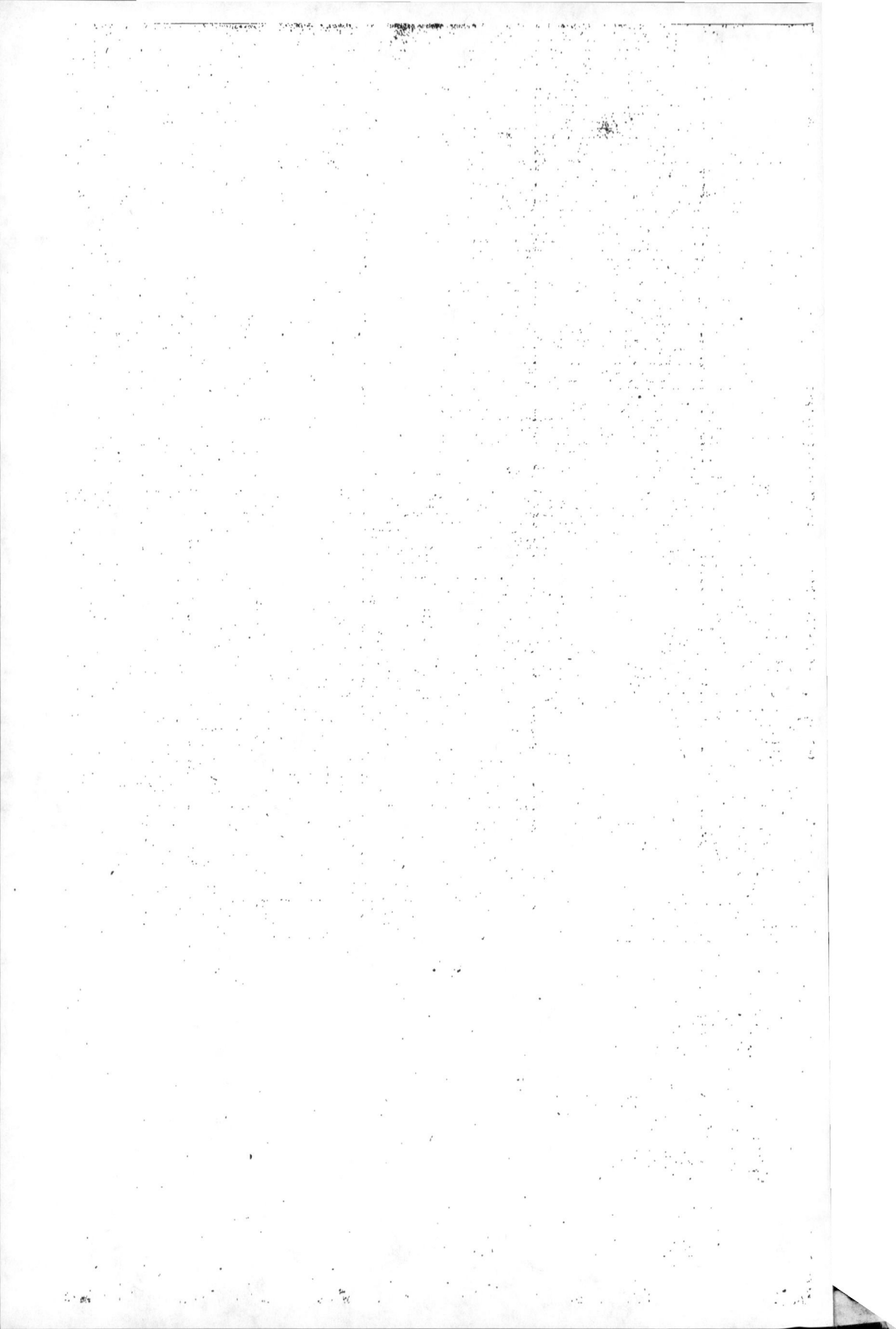

L'INTERNATIONALE

ET

LES SOCIALISTES

PAR

ERNEST BOTTARD

Ancien élève de l'école polytechnique.

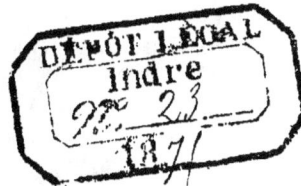

CHATEAUROUX

TYPOGRAPHIE ET STÉRÉOTYPIE A. NURET ET FILS.

—

1875

CHATEAUROUX. — TYPOGRAPHIE ET STÉRÉOTYPIE A. NURET ET FILS.

L'INTERNATIONALE

ET

LES SOCIALISTES

D'après nos socialistes, il n'y a plus, dans la vieille Europe, qu'une seule classe intéressante, c'est d'elle seule qu'il faut tenir compte, c'est à elle seule qu'appartient l'avenir : cette classe est celle dite des travailleurs. Est travailleur quiconque porte une pelle, une pioche, un outil, ou un instrument quelconque ; il n'est pas toutefois absolument nécessaire de s'en servir.

En dehors de cette catégorie, il n'y a plus que des fainéants ou des inutiles. L'ingénieur, le mécanicien, le soldat, le peintre, etc., ne sont pas nécessaires et par conséquent sont appelés à disparaître de la société nouvelle. Telles sont les idées professées ouvertement par les chefs de l'Internationale, et assez généralement admises par les ouvriers.

Avec la générosité et l'intelligence qui les distinguent, ils veulent tout accaparer ; terres, usines, places, honneurs, tout leur appartient; car eux seuls, disent-ils, sont producteurs.

Partager les biens a été pendant longtemps le rêve, l'idéal de tout bon socialiste. Propagé avec mystère dans les sociétés secrètes, accepté avec enthousiasme par les adeptes, ce principe fut enfin émis au grand jour par quelques imprudents. L'opinion publique en fit une prompte et sévère justice, et actuellement, il est devenu, impossible de le faire prendre au sérieux, même par les gens les plus ignorants et les plus inintelligents. Il est, en effet, trop clair que ce partage une fois effectué, les ivrognes, les joueurs, les fainéants auraient bientôt perdu leur avoir, tandis que les gens laborieux et économes auraient bien vite doublé le leur. Il y aurait donc de nouveau des riches et des pauvres. Pour rester d'accord avec le principe, il faudrait recommencer le partage tous les quinze jours, à la grande joie et au grand avantage des paresseux, qui passeraient ainsi doucement la vie dans le *far niente* le plus agréable.

Cette manière de résoudre ce qu'on appelle la question sociale est, comme on le voit, d'une grande simplicité, aussi, malgré tout, a-t-elle bon nombre de partisans, et on l'applique assez volontiers, toutes les fois que les circonstances le permettent. En Espagne, par exemple, le partage des biens a eu lieu dernièrement dans certaines provinces et l'on a même fusillé quelques-uns des anciens propriétaires qui n'avaient pas eu le bon goût de se déclarer satisfaits. Toutefois, la thèse étant difficile à soutenir, les fortes têtes du parti ont abandonné le principe si non en pratique, du moins en théorie, et se sont bornés à déclarer une guerre à mort aux bourgeois, aux patrons et au capital. Sont bourgeois ou patrons, tous ceux qui vivent sans recourir à un travail manuel, le travail intellectuel n'existe pas.

Au fond, si l'on veut bien se donner la peine de réfléchir, la question, quoique posée d'une autre façon, est toujours la même. Il s'agit de dépouiller ceux qui ont une grande ou modeste fortune au profit de ceux qui n'ont rien. Ce principe, qu'on avait eu le tort d'énoncer trop crûment, on essaie maintenant de le cacher, de le dissimuler, en l'entourant de fictions, de théories plus ou moins nuageuses, mais qui ne peuvent supporter la moindre discussion.

Avez-vous lu Leibnitz et Kant ? Quant à nous, toutes les fois que nous avons été obligé d'étudier ces terribles philosophes, il nous fallait prendre notre courage à deux mains et c'était, hélas ! peine perdue, car la plupart du temps, nous l'avouons humblement, nous ne comprenions absolument rien à leurs explications. Souvent même, (pourquoi ne pas le dire ?) nous avons pensé que, condamnés à leur tour à s'étudier eux-mêmes, ils finiraient, comme Gœthe, après avoir relu son second Faust, par déclarer franchement qu'ils ne savaient plus trop ce qu'ils avaient voulu dire. Eh bien ! s'il faut une certaine énergie pour mettre le nez, comme on dit vulgairement, dans la philosophie allemande, il en faut encore bien davantage pour aborder les ouvrages fantastiques de nos modernes socialistes. Cependant il n'y a pas à hésiter, il y va du salut de la société, il est nécessaire de prendre corps à corps ces doctrines malsaines, et d'en montrer la sottise et la fausseté. Les gens qui croient comme article de foi tout ce qui est écrit, sont nombreux, surtout quand ce qui est écrit flatte leurs passions ; on ne doit donc leur laisser aucune excuse.

Tout le monde a entendu parler de M. Karl Max. Il était, il y a peu de temps, le grand prêtre, l'oracle de l'Internationale ; mais hélas ! la discorde et la haine se sont glissées au milieu de cette société modèle, et il est actuellement méconnu par un grand nombre de ses anciens disciples. Toujours est-il qu'il est le seul qui ait encore osé publier un corps de doctrines où il est, selon lui, démontré de la façon la plus nette, que l'ouvrier est exploité par le patron, et que tout doit appartenir au travailleur. M. Karl Max, talent à part, opère à la façon de Proudhon qui, partant de principes faux qu'il pose comme axiomes, est arrivé à démontrer, au grand ébahissement de nos bourgeois de 1848, que Dieu est un être méchant et que la propriété est le vol. Entrons dans les détails.

On avait admis jusqu'à présent que les marchandises avaient une seule valeur, la valeur d'échange essentiellement variable avec les besoins ; M. Karl Max, qui n'aime pas les simplifications, en distingue une seconde, la *valeur d'usage*, c'est-à-dire « l'utilité que l'homme tire de son usage ». Cette seconde valeur, selon lui, ne varie pas. Ainsi un décalitre de blé a une valeur d'usage qui reste toujours la même, car son utilité est invariable, ce qui ne l'empêche pas d'avoir une valeur d'échange qui varie continuellement sur le marché. Cette distinction paraît surprenante, mais elle est nécessaire à notre socialiste qui, considérant le travail comme une marchandise, et cela d'ailleurs, avec juste raison, veut arriver à nous prouver que la valeur d'échange du travail est de beaucoup inférieure à sa valeur d'usage, c'est-à-dire à ce qu'il produit réellement. En un mot, en termes plus clairs, le patron ne paie pas l'ouvrier assez cher et l'exploite. C'était très-facile à dire sans employer des mots nouveaux, mais ces mots nouveaux, et les socia‑listes en sont prodigues, ont le grand avantage de cacher le vide du raisonnement et d'empêcher de comprendre.

M. Max pose ensuite comme axiome, que la valeur d'échange d'une marchandise est déterminée par le « travail humain nécessaire à sa production ». Cela est clair, mais parfaitement faux. Ainsi deux pièces de toile de même grandeur, formées du même tissu et qui ont exigé le même temps pour la confection, ont des valeurs bien différentes suivant le fini de l'exécution ou, si l'on aime mieux, suivant l'habileté de l'ouvrier. De plus, la valeur d'échange dépend surtout de l'offre et de la demande. Il faut chaque année, par exemple, à peu près le même temps pour semer, récolter et conduire le blé sur le marché, et sa valeur cependant varie suivant les circonstances du simple au triple. Les objets de luxe, de fantaisie, les œuvres d'art, qui fort souvent sont exécutés très-rapidement, ont, malgré cela, des valeurs très-considérables. Inutile d'insister plus longtemps.

Cette erreur grossière, que nous venons de signaler, a été faite sciemment par le chef de l'Internationale, car elle est évidente pour tout le monde ; mais elle était indispensable pour lui permettre d'arriver à cette conclusion qu'en réalité « l'ouvrier est l'unique et légitime possesseur de la marchandise qu'il confectionne ».

Dans la création d'un produit, dit-il en effet, on doit distinguer trois éléments : la matière brute, le prix des outils qu'il faut créer ou remplacer, et le travail matériel nécessaire à sa formation. La récolte ou l'extraction de la matière brute tout aussi bien que la confection des outils, peuvent se ramener à un travail manuel. Donc, ajoute-t-il, tout se réduit à un travail matériel dont la durée détermine la valeur du produit. Mais, puisque dans ce produit, il n'y a qu'un travail manuel, sa création appartient en propre à l'ouvrier, par suite, les bénéfices du patron sont injustes, et il exploite le travailleur. C'est ce qu'il voulait nous démontrer.

Malheureusement pour ce dernier raisonnement, outre l'erreur que nous avons signalée, il en commet bien d'autres. Il ne tient pas compte : 1° des capitaux engagés dans toute entreprise ; 2° du travail, ou si l'on veut, de la direction plus ou moins intelligente des patrons, qui fait que les uns se ruinent et que les autres s'enrichissent ; 3° des pertes de toutes natures que l'on a toujours à supporter soit dans le commerce, soit dans l'industrie. Est-il permis, sans y mettre beaucoup de bonne volonté, de faire de pareilles omissions et de se tromper de la sorte ?

Pour nous donner maintenant la mesure de l'exploitation du travailleur par la patron, notre socialiste pose un nouveau principe qu'il considère comme un axiome : « Un travail de 6 heures doit suffire à tout ouvrier pour vivre et faire vivre sa famille. » Or, dit-il, le travail est généralement en moyenne de 12 heures, ce qui d'ailleurs n'est pas vrai, c'est donc 6 heures que l'ouvrier donne à son patron pour rien. Autrement dit, d'après cela, il faudrait payer les ouvriers le double de ce qu'on les paie actuellement. Nous voudrions bien savoir, s'il en était ainsi, à combien reviendraient les marchandises et même les denrées de première nécessité. Sous un pareil régime, s'ils ne veulent pas courir à une ruine certaine, il faudrait que tous les industriels, petits et grands, doublassent le prix de leurs produits, car tous vous diront, et leurs livres de compte en font foi, qu'en donnant seulement une heure de repos de plus à leurs employés, ils seraient presque immédiatement obligés de renoncer à leur commerce.

Le raisonnement de M. Karl Max ne s'appuie sur rien, et est d'autant plus absurde, que les travailleurs n'en seraient pas plus avancés, puisqu'ils seraient forcés de payer eux-mêmes les objets qu'ils consomment le double de leur valeur actuelle.

Enfin, pour donner le dernier coup aux capitalistes, il prétend, et ce ne sont plus que de vulgaires déclamations, qu'ils n'ont acquis leurs richesses qu'en spéculant sur la sueur et le sang des nègres et des peuples du nouveau monde, et pour le prouver, il ne remonte pas au déluge, comme certains avocats, mais bien aux découvertes de Christophe-Colomb et de Vasco de Gama. Nous cherchons, mais en vain, ce qu'il peut y avoir de commun entre les capitalistes actuels et ceux du temps de Ferdinand et d'Isabelle la Catholique.

M. Karl Max n'aime même pas le progrès ; les machi-

nes nouvelles, selon lui, sont nuisibles, car elles réduisent
à la misère un grand nombre d'ouvriers. Pour terminer
et ramener l'âge d'or sur la terre, il propose comme
remède souverain « de transporter à la collectivité tout
entière la propriété du sol, des usines, des instruments
de travail, de la matière brute, de supprimer en un mot
la propriété privée en travaillant dans toutes les industries pour le compte de la communauté ». C'est tout simplement le communisme et le phalanstère dans toute leur
beauté.

Telles sont, en résumé, les doctrines de M. Karl Max.
Il a essayé de leur donner pour ainsi dire une forme mathématique, malheureusement elles n'en ont que la
forme et non l'exactitude, car non-seulement les principes, mais tous les raisonnements sont faux comme
nous l'avons démontré. Cependant, comme il est difficile
de distinguer l'erreur au milieu des subtilités dont on
a soin de l'entourer, cet ouvrage, mis entre les mains
d'ouvriers peu instruits et très-enclins, d'ailleurs, à ac-
cepter comme parole d'évangile tout ce qui flatte leurs
passions, peut faire beaucoup de mal. On y trouve en
effet une idée bien arrêtée, celle de pousser les travailleurs à faire la guerre aux patrons et à la société. En
faisant ce livre, M. Karl Max a commis une mauvaise
action.

Quand à nous, nous aimons beaucoup mieux la fran-
chise du citoyen Pindy qui, au congrès de Genève, le
17 septembre 1873, terminait son allocution par ces
paroles caractéristiques : « Vive l'anarchie ! » Le même
jour, un de ses collègues de l'Internationale, dont le nom

ne nous revient plus, s'écriait aux applaudissements de tous les membres de l'assemblée : « Il nous faut détruire d'abord cette société odieuse, après quoi nous fonderons quelque chose, ce sera l'universelle fraternité et le divin collectivisme. » Nous ne savons pas trop ce qu'il peut y avoir de divin dans le collectivisme, nous n'éprouvons aucun désir de vivre sous un pareil régime, et suivant l'expression de Lafontaine, ce bloc enfariné ne nous dit rien qui vaille.

Veut-on, du reste, soulever les voiles mystérieux ? C'est facile, il suffit de pénétrer dans les sociétés secrètes, et d'étudier les préceptes à l'aide desquels on s'efforce d'instruire et de moraliser le peuple souverain. Comme on est entre frères et amis, et qu'il n'est plus nécessaire de tenir compte d'un public plus ou moins frondeur, l'on ne se gêne plus, et l'on appelle les choses par leur nom. A chaque instant les journaux nous donnent les programmes et les élucubrations malsaines de telle ou telle société, il suffit de se baisser au milieu de toutes ces fleurs écarlates et de cueillir au hasard. Baissons-nous donc et cueillons. Pour n'être pas accusés d'exagération, nous citons textuellement :

MANIFESTE DES CHARBONNIERS *(Société secrète).*

Nos adversaires sont jugés, ils ne sont plus des compatriotes ni des Français, ce sont nos ennemis puisqu'ils sont ceux de la liberté. Nous devons être sans pitié pour eux ; ils sont jugés à mort. Nous devons les tuer sans hésitation. Pour nous débarrasser des ennemis de la liberté, tous les moyens sont bons, le fer, le feu, le poison ; la fin justifie les moyens. Mort aux chassepots ! Mort à tous les napoléoniens ! Vive la révolution ! Le peuple formulera son programme.

PROGRAMME OU MANIFESTE

auquel tout associé est tenu d'adhérer par un serment formel avant son admission.

— Commune révolutionnaire.
— Plus de prolétaires ni de sujets.
— Plus de préfectures ni de départements.
— La commune égalitaire.
— Plus de représentations ni de délégations.
— Plus d'armée.
— Plus de clergé, le peuple doit être son propre prêtre.
— Plus de magistrature, le peuple doit être son propre magistrat.
— Restitution solidaire des vols faits au peuple.
— Suppression de l'héritage.

Qu'on ne vienne pas nous dire que nous ayons choisi ce document, car nous pourrions en citer cent autres plus absurdes encore, et cependant, tel qu'il est, il laisse peu à désirer. En le lisant on se demande avec étonnement s'il n'est pas l'œuvre de quelques Peaux-Rouges, ou plutôt, car ce serait faire injure aux sauvages, de quelques forçats libérés atteints de folie furieuse. On détruit tout, et on ne met rien à la place, car dire que le peuple doit être son propre prêtre, son propre magistrat, c'est ne rien dire. L'armée disparaît, car le peuple ne veut pas être sa propre armée, on aime mieux payer de temps à autres quelques milliards et laisser toute liberté aux coquins. On supprime d'un trait de plume tous les prolétaires et l'on nous donnera sans doute le moyen d'empêcher les gens de jouer, de boire, et de passer leur vie à ne rien faire, car tant qu'il y aura des joueurs, des ivrognes, des fainéants, il y aura des prolétaires.

Il n'y a qu'une seule idée bien nette, bien arrêtée, celle de tuer et de piller, et c'est toujours au nom de la liberté que ces aimables citoyens égorgent tous ceux qui ne pensent pas comme eux. Voilà, ami lecteur, ce que l'on trouve dans le bloc enfariné du divin collectivisme. M. Karl Max a donné la théorie, ses disciples n'attendent qu'une occasion favorable pour la mettre en pratique.

Arrêtons-nous un instant sur la question de l'héritage. Nos socialistes demandent à grands cris la suppression de cette coutume, injuste selon eux, et les raisons qu'ils mettent en avant peuvent au premier abord sembler assez difficiles à réfuter.

Entrons dans ce café, refuge ordinaire de nos grands hommes. Voyez-vous dans ce coin, au-dessus de cette table et émergeant du milieu des flots d'une fumée épaisse, ce chapeau mou posé carrément sur l'oreille, Eh bien ! il couvre le chef d'un réformateur. En face est assis un disciple. Le réformateur parle, boit, et ne paie pas, le disciple approuve, admire et paie. Quelques personnes les entourent. Écoutons :

— Comment, mon pauvre ami, tu en es encore là ! s'écrie le chapeau mou, en laissant tomber un coup d'œil dédaigneux sur son disciple.

— Mais oui

— Ainsi, d'après toi, hériter te paraît une coutume juste et raisonnable ?

— Sans doute

— As-tu bien réfléchi ?

— Certainement.

— Eh bien ! écoute mon raisonnement et tâche de répondre si tu le peux.

Là-dessus, sous prétexte de recueillir ses idées, notre réformateur donne une forte accolade à la chope qui se trouve devant lui ; puis, après avoir activé la combustion de sa pipe, il lance dans les airs quelques nuages de fumée avec cette grâce et cette élégance qu'une longue habitude peut seule donner et continue ainsi :

— Tiens ! voilà deux enfants, ils viennent de naître, ils n'ont pas encore pensé. Ils doivent être égaux et devant Dieu et devant les hommes, n'est-il pas vrai ?

— Oui.

— L'un deux cependant héritera d'une fortune immense, et l'autre aura la misère en partage. Est-ce juste ?

— Non

— Donc, pour rester d'accord avec l'équité, il faut supprimer l'héritage.

Le disciple se grattait la tête et semblait embarrassé, quand tout à coup un gros homme à la carrure athléti-

que, à la figure intelligente et rusée, un de ces hommes
enfin moitié bourgois, moitié paysan, que l'on rencontre
dans toutes les foires, vint se placer en face du réformateur et se croisant les bras :

— Ah ! par exemple, dit-il, vous nous la baîllez belle.
Comment, vous qui avez constamment à la bouche les
mots de liberté et les immortels principes de 1789, vous
voulez m'enlever le droit de donner mon bien à mes
enfants ? Vous ne savez donc pas que depuis que le
monde est monde, les tyrans les plus cruels et les plus
farouches n'ont jamais osé se passer une pareille fantaisie ?

— La justice avant tout.

— Drôle de justice que vous nous prêchez-là ! J'ai tra-
vaillé pendant 40 ans, j'ai amassé sou à sou une modeste
fortune qui est certes bien à moi, et je n'aurais pas le
droit d'en disposer ! Vous ignorez donc que tous les
hommes, pour la plupart du moins, ne travaillent que
pour enrichir leurs enfants ? Enlevez ce stimulant et le
commerce et l'industrie disparaîtront comme par en-
chantement.

— Qu'importe ! cela ne détruit pas mon raisonnement.

— Votre raisonnement ! mais il est absurde, votre
raisonnement ! En donnant à ces deux enfants la même
fortune ou la même misère, comme vous voudrez, vous
ne changez rien. L'un de ces enfants, en effet, peut être
fort, intelligent, courageux, et l'autre faible, inepte et
paresseux. Pouvez-vous rendre tous les hommes égaux
en courage, en force, en intelligence ? Non, n'est-ce pas ?
Eh bien ! alors au lieu de nous enlever nos libertés les

plus précieuses, au lieu de chercher à bouleverser la société
en remplaçant une injustice par une autre injustice
plus grande peut-être encore, donnez-vous la peine de
réfléchir, et si vous ne le pouvez pas, contentez-vous de
boire et de fumer des pipes, cela vaudra mieux.

Cela dit, le gros homme s'essuya le front, et pour célé-
brer sa victoire, car il était bien victorieux, il se fit
apporter un bock qu'il vida tout d'un trait à la santé ou
à la défaite de notre pauvre réformateur.

La lutte que l'on essaie d'engager contre les patrons
et les bourgeois causera bien du mal, mais elle ne peut
aboutir. La bourgeoisie n'est pas une classe à part, les
familles riches tirent leur origine, en grande partie du
moins, d'un ou de plusieurs ouvriers plus intelligents et
plus heureux que les autres, ces ouvriers ont su acquérir
à grand'peine des fortunes plus ou moins considérables
qu'ils ont léguées à leurs descendants. On pouvait, en 1793,
faire la guerre aux nobles, la noblesse était immuable.
A moins d'être né, comme on disait dans ce temps-là, il
était, sauf quelques exceptions, impossible d'en faire
partie. Cette classe accaparait toutes les places, tous les
honneurs, il y avait là une injustice criante que 1789 a
fait disparaître avec raison.

Mais où commence, où finit la bourgeoisie, il serait bien
difficile de l'indiquer, car tel qui est aujourd'hui ouvrier
sera demain bourgeois. C'est là précisément ce qui fait
la force de cette classe devenue, on ne sait pourquoi, la
bête noire de tous nos socialistes.

Que l'on compare la position de l'ouvrier avec celle

qu'il occupait il y a une trentaine d'années, l'amélioration est évidente, elle est immense, indéniable. Les entreprises commerciales et industrielles ont pris des développements inouïs, les salaires ont presque doublé de valeur, l'aisance et le bien-être ont pénétré dans la demeure de l'artisan laborieux ; cet artisan est devenu un homme politique, il compte dans l'État.

A qui doit-il tout cela ? A cette classe si vilipendée, si calomniée. Le bourgeois, par ses capitaux et par son intelligence, a créé ces vastes établissements ; c'est lui qui, frondeur par excellence, se tient constamment sur la brèche, pour obtenir les libertés nécessaires et même celles qui ne le sont pas ; c'est lui qui veut la République que vous autres, ouvriers, par vos extravagances l'empêchez d'établir. En lui faisant la guerre, c'est à vous-mêmes que vous nuisez. Eh ! mon Dieu, nous ne voulons pas faire du bourgeois un modèle, un petit saint ; s'il agit ainsi c'est dans son intérêt, mais cet intérêt est le vôtre. Nous ne nous aveuglons pas sur ses défauts : il est timide à l'excès, égoïste jusqu'à la férocité. Tenez, regardez-le passer ; nous sommes en temps de révolution ou d'émeute, comme vous voudrez ; il tient sa douce moitié sous le bras, tous les deux se rapetissent et longent la muraille. Ils viennent d'apercevoir dans le lointain un travailleur inoffensif : vite ils enfilent la première ruelle venue, et après un détour d'une demi-lieue ils rentrent chez eux haletants, épuisés. La douce moitié que nous n'avons pas mise en scène pour rien, ferme la porte à double tour, accuse son mari d'imprudence, et l'oblige sans grande difficulté, il est

vrai, à laisser l'autorité, les soldats, les émeutiers et les voisins se tirer d'affaire comme ils le pourront.

Eh bien ! cet homme qui vous paraît d'une faiblesse ridicule, quand il sera bien persuadé que c'est lui et non son voisin que l'on veut faire cuire avec toute sa famille et sa propriété dans la grande marmite radicale, cet homme se transformera, cet homme deviendra un héros. Il montera sur la brèche, croisera la baïonnette, enfilera les frères et amis, et, devenu d'autant plus furieux qu'il aura été plus longtemps à sortir de son caractère ; il poussera la vengeance jusqu'à l'excès. Prenez garde, alors, mes bons socialistes, vous qui avez préparé avec tant d'amour votre grande marmite, d'y être plongés tous les premiers. Vous vous attaquez à plus fort que vous ; le bourgeois n'a pas l'insouciante bravoure du noble de 1789, il n'émigrera pas, c'est un animal très-méchant, quand on l'attaque non-seulement il se défend, mais il mord et se venge. Croyez-nous, cette société qui s'appuie sur la bourgeoisie, c'est-à-dire sur tout le monde, est à l'abri de vos attaques, vous vous briserez les dents.

Si vous aviez seulement la raison ou plutôt quelques raisons pour vous, il vous serait permis d'espérer, car la vérité finit toujours par triompher, du moins on le dit ; mais non, ce que vous proposez est absurde, c'est tout simplement la société primitive, la barbarie que vous voulez nous ramener, et nous allons vous le démontrer.

Notre démonstration sera infiniment plus courte que celle de M. Karl Max. Suivant son exemple, nous lui donnerons la forme mathématique, et comme nous avons une légère teinture des sciences exactes, nous vous défions bien d'en contester la rigoureuse exactitude.

Supposons, comme on dit en géométrie, le problème résolu, le rêve de nos socialistes se trouve réalisé : la société est composée uniquement de citoyens vivant du travail de leurs mains. Voyons ce qui va en résulter. Une machine ou deux dans une usine, viennent à se briser ou à se détériorer, il faut les remplacer ou les réparer, autrement bon nombre de travailleurs se trouveront sans ouvrage. Comment faire ? On prendra, nous dira-t-on, un ouvrier intelligent et capable. Mais cet ouvrier sera obligé de faire des plans, des dessins, et même certains calculs pour déterminer les dimensions et les résistances de la machine. Admettons qu'il soit à hauteur de la tâche qui lui est confiée, il n'en est pas moins vrai que pendant qu'il fera ces dessins, ces calculs, il ne fera pas de travail manuel. Comme le cas se présentera d'ailleurs fréquemment, il faudra donc des ouvriers mécaniciens et ingénieurs qui, se sentant capables et nécessaires, demanderont naturellement un salaire plus élevé.

S'il survient des contestations, il faudra des gens pour étudier et instruire les affaires. Il y aura des malades, par suite les médecins et les pharmaciens seront indispensables. Le pays peut être attaqué, on sera obligé d'avoir des soldats pour défendre la patrie ; pour instruire ces soldats, des officiers capables et expérimentés seront nécessaires. On nous répondra probablement que la guerre est absurde, que tous les peuples sont des frères ; très-bien ! mais ce sont des frères très-exigents qui demandent cinq ou six milliards à ceux qui ne savent pas se défendre. On peut faire le même raisonnement pour toutes les professions libérales, et l'on se trouve ainsi forcément et logiquement ramené, d'une société composée exclusivement d'ouvriers, à une autre société dans laquelle il y aura des classes privilégiées ; des médecins, des ingénieurs, des architectes, etc., c'est-à-dire à la société actuelle. Donc cette société modèle rêvée par nos socialistes, n'est autre chose que la société primitive, c'est-à-dire la barbarie. C'est ce qu'il fallait démontrer, comme on dit en géométrie.

Après avoir prouvé que les professions libérales sont, non-seulement utiles, mais s'imposent même par la force des choses, nous ajouterons que dans toute société qui marche vers le progrès, les grandes fortunes sont nécessaires. Admettre le contraire serait, en effet, vouloir renoncer à toutes les jouissances que nous procurent les lettres, les sciences et les beaux-arts, jouissances qui distinguent l'homme de la brute et qui doublent pour ainsi dire, les plaisirs de l'existence. Les peintres, les sculpteurs, les architectes, les musiciens, etc., ne peuvent vivre que par les gens riches et très-riches, sans eux ils deviennent impossibles. Qui pourrait, en effet, dans cette société d'ouvriers, payer un tableau dix à quinze mille francs ? Qui dépenserait des sommes considérables pour bâtir de vastes et belles demeures, pour créer ces jardins délicieux où l'œil se promène de surprises en surprises ? Qui aurait assez de loisir pour aller écouter ces drames, ces comédies, résultat du travail de nos grands écrivains, ces opéras, chefs-d'œuvre de nos artistes, qui nous transportent et qui souvent nous font oublier, pour quelques instants du moins, nos souffrances et nos misères. On nous répondra probablement, que l'État pourrait entretenir des poëtes, des peintres, des sculpteurs. Oui, trois ou quatre de chaque espèce, comme on le fait pour les animaux du Jardin des plantes. Mais en achetant quelques tableaux, en faisant bâtir quelques palais, en soutenant quelques théâtres, l'État peut-il à lui tout seul faire vivre la peinture, la sculpture, la comédie ? Évidemment, non.

Ces jouissances dont vous nous parlez, s'écrient les ouvriers, ne sont le partage que d'un petit nombre, et nous voulons que personne ne soit plus heureux que nous. Autrement dit, nous voulons l'égalité de l'idiotisme et de la sottise, ou ce qui revient au même, que s'il y a un individu bancal ou aveugle, tout le monde, le soit.

Ces jouissances d'ailleurs, n'appartiennent-elles pas à tout le monde ?

Le travailleur se promène dans ces vastes jardins créés par nos artistes, il pénètre dans les musées et peut admirer les chefs-d'œuvre des grands maîtres. Il peut, rarement il est vrai, mais de temps à autres cependant, aller se délasser dans nos théâtres, quelque modestes que soient ses ressources. Les beaux hôtels, les brillants équipages sont la propriété exclusive du riche, mais ils ornent et animent nos rues et surtout font vivre cet ouvrier qui les envie. De plus, comme il désire à son tour posséder tout ce luxe, il cherche le moyen de l'acquérir ; cette chasse à la fortune surexcite son intelligence et ces intelligences surexcitées donnent le progrès et le bien-être général. Croit-on, par exemple, si tout le monde était soumis à un travail manuel et quotidien, que toutes ces belles découvertes qui font de l'homme presque l'égal de Dieu, et qui, en nous initiant à tous les mystères de la nature, déroulent devant nous des horizons sans limites, croit-on qu'elles seraient actuellement gravées à tout jamais sur le livre de l'humanité. La terre nous a découvert ses trésors, les cieux nous ont dévoilé leurs splendeurs, tous les éléments dociles et asservis sont devenus pour nous de puissants auxiliaires, ce n'est certes pas en se servant d'une pelle ou d'une pioche qu'on est arrivé à de pareils résultats. S'il suffit de manger, de boire, d'être logés et vêtus plus ou moins convenablement, il n'y a qu'à retourner à l'état sauvage. De plus, en enlevant à l'homme l'espoir d'arriver à une grande fortune et à une haute position, on tarit toute source d'activité et d'énergie, c'est ruiner d'un seul coup le commerce et l'industrie. Toutes les belles conceptions, toutes les théories nuageuses de nos grands démagogues n'ont eu et ne peuvent avoir d'autres résultats.

On nous dit et on nous répète sur tous les tons que les travailleurs sont exploités par les patrons. Il y a eu un temps où cela pouvait être vrai, mais ce temps n'est plus, et ce sont eux, au contraire, qui sont d'une exigence impossible à satisfaire. Ils n'ont pas plutôt obtenu une augmentation de salaire, qu'ils en demandent une nouvelle. On a beau leur représenter que le patron payant ses ouvriers au-dessus d'un certain prix, non-seulement ne gagne pas, mais fait au contraire des pertes considérables, puisqu'il ne peut vendre sa marchandise au prix de revient, ils n'en persistent pas moins dans leurs prétentions. Ils vont même jusqu'à compromettre la suprématie commerciale de leur pays. Ce fait est facile à prouver, il suffit de voir ce qui se passe en Angleterre. La Grande-Bretagne, en effet, a déjà perdu le monopole de la filature et de la fabrication du coton, il en est de même pour l'industrie du fer. La houille, par suite des dernières grèves et des prix plus élevés accordés aux ouvriers qui refusent même de travailler autant que par le passé, a presque doublé de valeur, il en résulte pour les fers anglais une élévation de prix considérable. Les commandes s'adressent maintenant à la Russie et aux États-Unis. En Russie, les ouvriers se contentent d'un salaire raisonnable ; aux États-Unis, l'outillage perfectionné et l'émigration qui jette tous les ans sur le sol américain environ 50,000 travailleurs permettent d'arriver au même résultat. Ce que nous disons, d'ailleurs, des fers, peut s'appliquer pour ainsi dire à tout, car la houille est l'âme de toutes les industries. Les commerçants anglais n'ont donc plus qu'une seule ressource, c'est d'arriver, par le perfectionnement des machines, à restreindre le nombre des ouvriers ; s'ils réussissent ils pourront défier les grèves et dicter des conditions ; s'ils succombent, ils seront obligés de fermer les usines. Dans les deux cas, les travailleurs seront victimes tous les premiers, et ils ne pourront s'en prendre qu'à eux-mêmes.

Ils agissent d'ailleurs partout de la même façon ; ainsi

à Tourcoing, à Roubaix, lorsque les commandes abondent, ils adoptent un système de grèves partielles. Ils s'imposent des privations et travaillent strictement le temps nécessaire pour vivre et faire vivre leurs familles. Les besoins du commerce, insuffisamment satisfaits, augmentent, les patrons pressés par le temps et forcés de tenir les engagements contractés, sont, par suite, obligés de demander un travail plus considérable à leurs employés. Ceux-ci se sentant dès lors maîtres de la situation, formulent des prétentions exorbitantes, et le commerçant n'a d'autre alternative que de manquer à ses promesses ou de subir leurs conditions.

Il est impossible de se faire une idée de la tyrannie des grévistes d'Angleterre. On croit rêver en lisant dans le *Globe* du 1er avril les mémoires de M. Hughes, rapporteur de la commission chargée de l'examen des lois relatives au travail (industrie du bâtiment). Si quelques ouvriers plus méritants reçoivent un supplément de paie, tous les autres refusent de travailler. Un entrepreneur veut-il vérifier le travail au moyen de la règle et de l'équerre, il y a grève. On peut regarder faire, mais on ne doit employer aucun instrument de vérification. Pour accélérer les travaux d'un bâtiment en construction, a-t-on l'idée simple et naturelle de mettre deux échelles, l'une pour monter, l'autre pour descendre, les ouvriers n'en veulent qu'une seule; le service se fait plus lentement et ils se reposent davantage.

En se conduisant ainsi, ils finiront par exaspérer les patrons ; l'internationale coalition des ouvriers amènera fatalement tôt ou tard l'internationale coalition des fabricants, et la victoire restera probablement à cette dernière. Si donc après sa défaite, le travailleur est opprimé, il n'aura que ce qu'il mérite. Il y a plus : ses exigences et ses convoitises peuvent arrêter les progrès de la civilisation, c'est là surtout ce qu'il faut redouter, car il n'y a rien à attendre de sa modération et de son intelligence. Il est actuellement convaincu qu'il a le nombre et la force pour lui, il considère son triomphe comme prochain, et n'a aucun doute à cet égard. Ce qu'il entend par son triomphe, c'est la ruine du patron et du bourgeois, c'est son avénement au pouvoir, et, ce qui est plus grave encore, c'est la confiscation à son profit de toute la fortune commerciale industrielle et foncière du pays, c'est en un mot le chaos amenant à sa suite la barbarie.

Devant de telles prétentions hautement affichées, il n'y a plus à hésiter ; la société, si elle ne veut périr, doit déclarer une guerre acharnée à l'Internationale et à toute société de cette espèce.

Tous les raisonnements ne serviront à rien ; car un grand nombre d'ouvriers et tous les meneurs qui les poussent et les conduisent, savent parfaitement, il ne faut pas craindre de le dire, qu'ils ont tort, que ce qu'ils demandent est injuste, et cependant ils n'en continuent pas moins à faire tous leurs efforts pour arriver à réaliser leurs espérances. La patrie n'est plus pour eux qu'un mot vide de sens ; suivant l'expression détestable d'un des hommes du 4 Septembre, elle est là où l'on se trouve bien. Toute mutilée, toute malheureuse qu'elle est, ils l'écraseront sans remords sous leurs pieds,

et n'en continueront pas moins leur marche, ne s'arrê-
tant que devant la force et la répression. La Commune
engageant devant l'ennemi vainqueur une lutte impie
en est une preuve sans réplique.

Ainsi donc, guerre impitoyable à toutes ces sociétés
secrètes qui se cachent dans l'ombre, et dont le but
plus ou moins avoué est d'attaquer à main armée la
société actuelle ; liberté complète, au contraire, pour
toutes les théories et les idées qui se produisent au
grand jour ; elles seront discutées et si elles sont mau-
vaises l'opinion publique en fera justice.

Ce principe peut être adopté sans inconvénient sous
la République. La Monarchie ne saurait agir de la
même façon. Ainsi par exemple elle ne pourrait laisser
émettre cette idée si simple si naturelle, que pour être
roi il est absolument nécessaire d'avoir une intelligence
au-dessus de la moyenne. Il est indiscutable, en effet,
que le fils d'un roi peut être un parfait imbécile ; il
faudrait dès lors lui retirer la couronne, et l'hérédité
qui est le grand avantage, la raison d'être de ce gouvernement, se trouverait compromise.

La République, au contraire, et nous ne saurions trop
le répéter, peut laisser discuter toutes les idées, sans
excepter les principes sur lesquels elle s'appuie. Elle a
par cela même le droit et le devoir de poursuivre
impitoyablement ces sociétés secrètes que rien ne peut
plus justifier.

Ce droit de discussion pour ainsi dire sans limites, ne
saurait être accordé sans danger pour la sécurité publique qu'à la condition, et c'est là ce qu'il faut bien

comprendre, de donner au pouvoir les moyens de punir immédiatement et de la façon la plus sévère, tous ceux qui veulent passer de la théorie à l'application.

Appliquer en effet une idée, fut-elle bonne et reconnue telle par tout le monde, est la chose la plus délicate. C'est alors que les inconvénients et les difficultés de toutes espèces se manifestent. Nous n'en citerons qu'un exemple bien connu. Un homme a le droit de vivre en travaillant, rien de plus évident ; donc la société doit être organisée en conséquence. De là découle ce fameux principe du *droit au travail* qui a fait tant de bruit et tant de mal en 1848.

La Monarchie de 1830 venait d'être renversée, des hommes délégués, disaient-ils, par le peuple souverain, avaient ramassé le pouvoir, s'étaient installés à l'hôtel-de-ville, et avaient formé un gouvernement provisoire. Dans ces jours de trouble , la plupart des ouvriers avaient déserté les ateliers, les uns parce que réellement il n'était plus possible de leur donner du travail, le plus grand nombre parce qu'ils trouvaient plus agréable de se promener en chantant dans les rues, et de fêter dans les cabarets la fuite du tyran, comme ils appelaient le bon roi Louis-Philippe. Les membres du gouvernement provisoire, pour venir en aide à ces braves patriotes, ne trouvèrent rien de mieux que de les réunir et de former les ateliers nationaux. Chacun devait recevoir une solde journalière (2 francs si nos souvenirs sont exacts), en échange d'un certain travail. Les ouvriers acceptèrent avec enthousiasme, ils vinrent demander leur solde avec la plus touchante régularité, mais refusèrent énergique-

ment de travailler. Il fallait cependant passer le temps,
on joua aux boules, au bouchon, et l'on insulta tous les
bons bourgeois que la mauvaise chance amenait dans le
voisinage. Ces abus devinrent tellement graves qu'il fal-
lut fermer les ateliers, mais ces armées de travailleurs,
que l'on arrachait tout d'un coup à leurs douces habitu-
des, se transformèrent en émeutiers et organisèrent les
sanglantes journées de Juin.

Ainsi ce principe indiscutable en lui-même, que tout le
monde a le droit de vivre en travaillant, venait par une
application maladroite, d'allumer la guerre civile et de
causer la mort de milliers de citoyens. Le rôle du gouvernement était cependant bien simple, il aurait dû,
d'abord et avant tout, assurer l'ordre et la tranquillité en
employant la force au besoin, puis agir auprès des
patrons par la persuasion, leur montrer que leur intérêt
était le même que celui de l'État, et s'il était absolument
nécessaire, leur faire des avances pécuniaires. Ces avances, eussent-elles été perdues, auraient, dans tous les cas,.
été bien inférieures aux sommes énormes englouties par
les ateliers nationaux. Il est bien entendu d'ailleurs que
l'État, excepté dans ces moments de crise et d'absolue
nécessité, ne doit jamais intervenir entre l'ouvrier et le
patron, il doit se borner à faire respecter énergiquement
par les uns et par les autres les lois établies.

En résumé, cette question sociale, dont on fait tant de
bruit et que l'on prétend nous imposer, n'a aucune raison d'être. La société doit faire en sorte qu'il soit possible à tout travailleur honnête et courageux de vivre
facilement et d'élever sa famille ; elle ne peut aller

au-delà. Or, en temps ordinaire, le salaire est suffisant, dans ces derniers temps même il est devenu trop onéreux pour les patrons. Quant au travail il ne manque pas, il est au contraire parfaitement constaté que ce sont les ouvriers qui refusent le plus souvent de travailler, tout en exigeant des prix de main-d'œuvre déraisonnables. De plus les grèves leur permettent de se défendre contre l'avidité des industriels, et c'est une arme dont ils usent et abusent. Que faire de plus ? Vouloir que tous les travailleurs deviennent patrons serait absurde, on ne peut que leur faciliter les moyens d'y arriver. C'est à eux de chercher à acquérir par leur bonne conduite, leur activité et l'économie, d'abord l'aisance, ensuite la richesse. Cela est possible, car le plus grand nombre des patrons actuels ont commencé par être de simples ouvriers.

Dire que tout est parfait dans notre société ne serait pas vrai ; il y a beaucoup de choses à améliorer et peut-être à faire disparaître, et tant que le monde existera il en sera toujours de même. Nous marchons en effet vers la perfection, mais nous ne l'atteindrons jamais. Toutes ces modifications ne peuvent avoir lieu d'ailleurs qu'avec l'aide du temps ; brusquer les choses serait vouloir revenir en arrière.

L'initiative individuelle doit jouer le plus grand rôle dans toutes ces questions. Que les ouvriers, par exemple, comme nous l'avons dit en traitant un autre sujet, au lieu d'organiser grèves sur grèves, cherchent à établir à l'aide de leurs ressources, des caisses de secours pour les nécessiteux et les malades, des caisses de retraite pour les travailleurs arrivés à un certain âge ; que les patrons, dans leur intérêt même, associent les ouvriers les plus méritants à leurs bénéfices, qu'ils créent pour ces derniers des logements salubres, des boulangeries, des boucheries, des épiceries, etc., où tout se vendra aux prix de revient; les uns et les autres auront bien mérité de l'humanité. Quant à l'État, nous ne cesserons de le répéter, il doit faciliter ces créations utiles, mais à la condition de rester complètement en dehors, autrement nous arriverons infailliblement au phalanstère, au divin collectivisme et à toutes les absurdités qui en sont les conséquences immédiates.

Dans tout ce que nous venons de dire, il n'a été nullement question de l'ouvrière. Elle est généralement exploitée, son salaire est insuffisant, et cette question délicate, difficile, mérite de fixer toute l'attention de nos législateurs. Nous reviendrons plus tard sur ce sujet.

Châteauroux, le 10 juillet 1875.

CHATEAUROUX. — TYPOGRAPHIE ET STÉRÉOTYPIE A. NURÉT ET FILS.

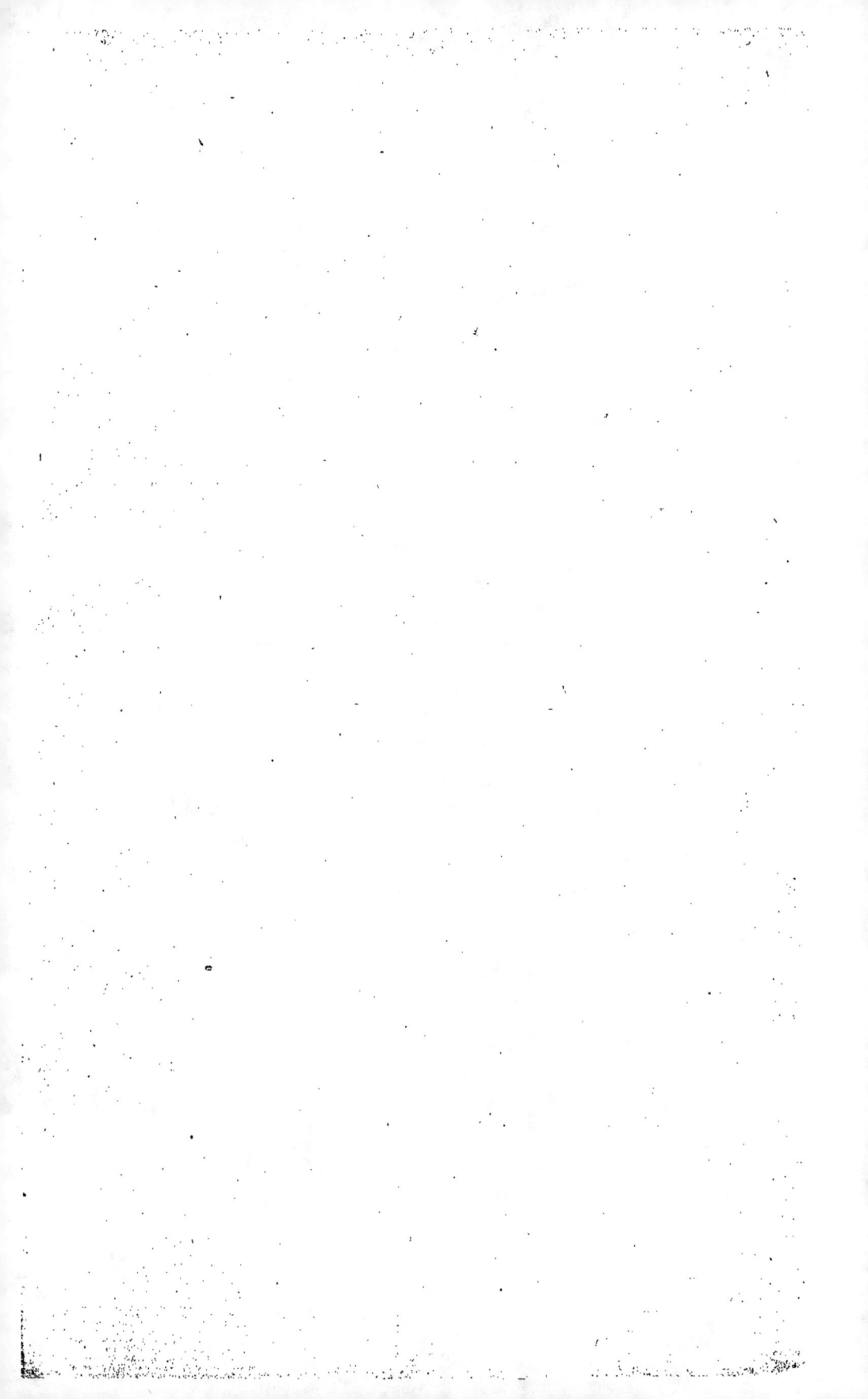

www.ingramcontent.com/pod-product-compliance
Lightning Source LLC
Chambersburg PA
CBHW060815280326
41934CB00010B/2698